U u

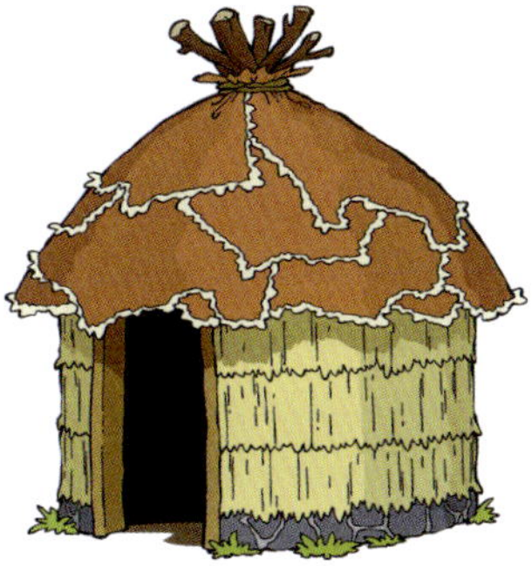

Ransom

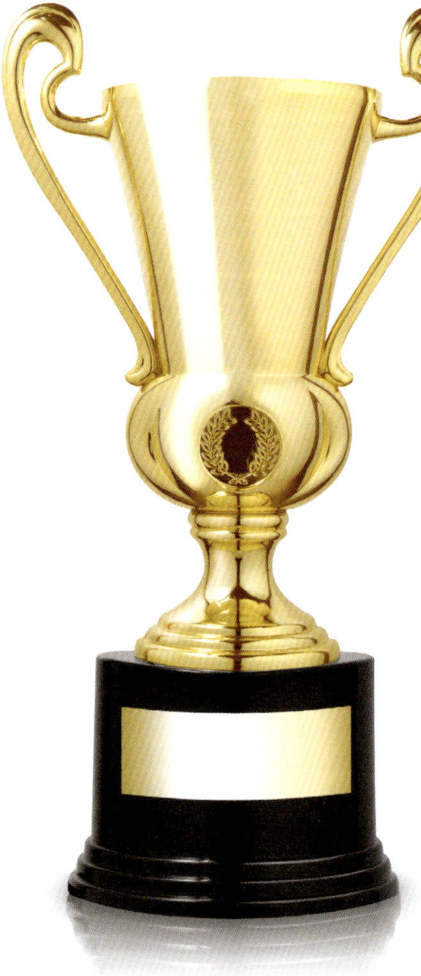

cup

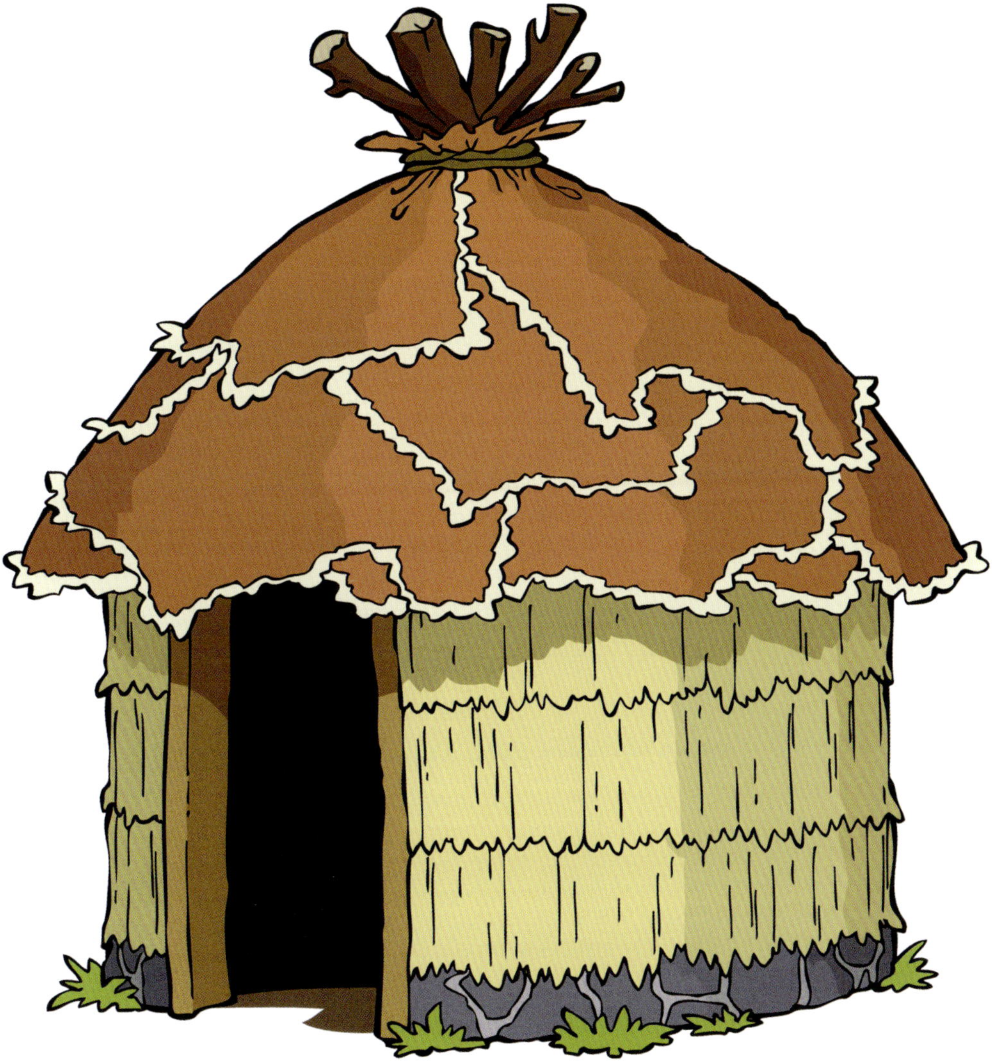

hut

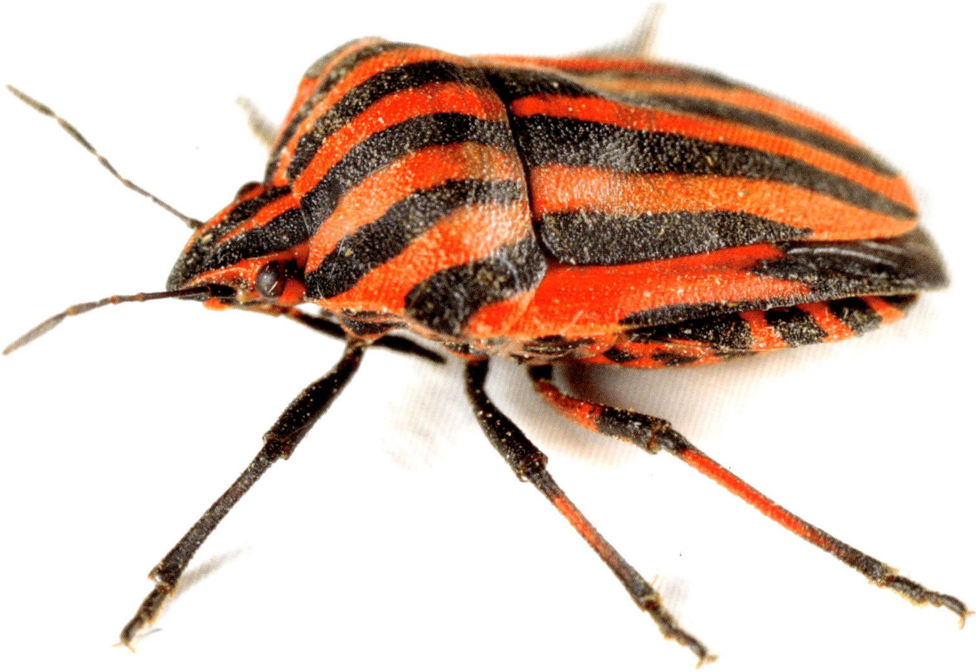

bug

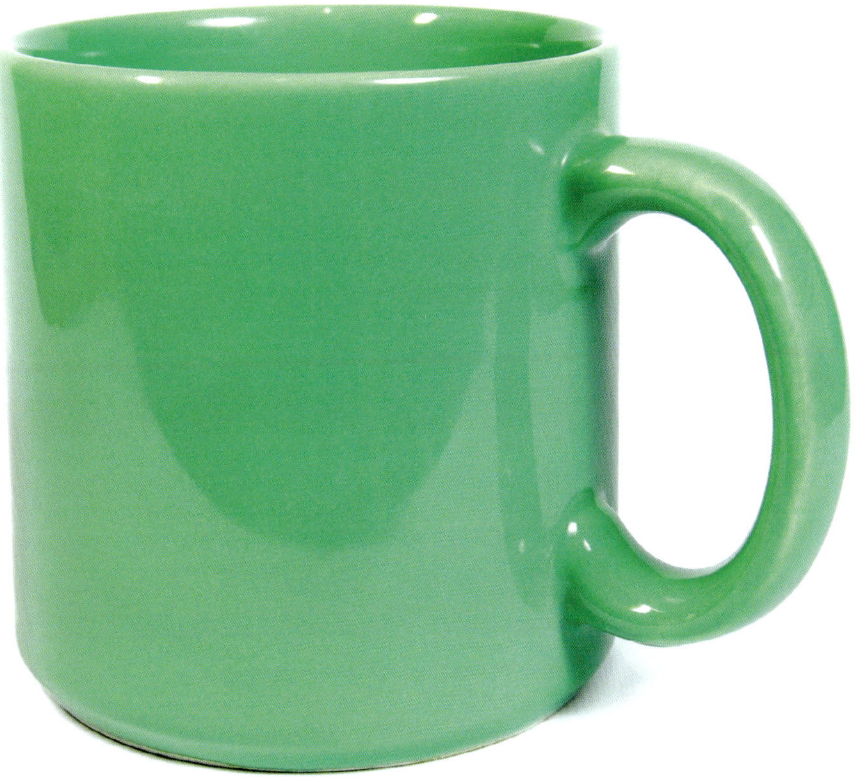

mug

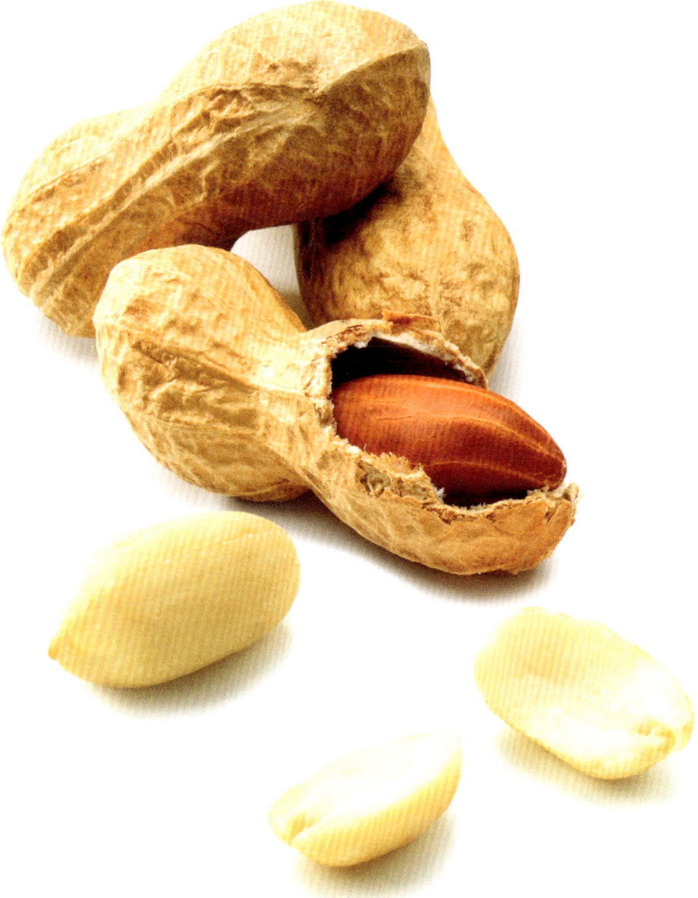

nuts

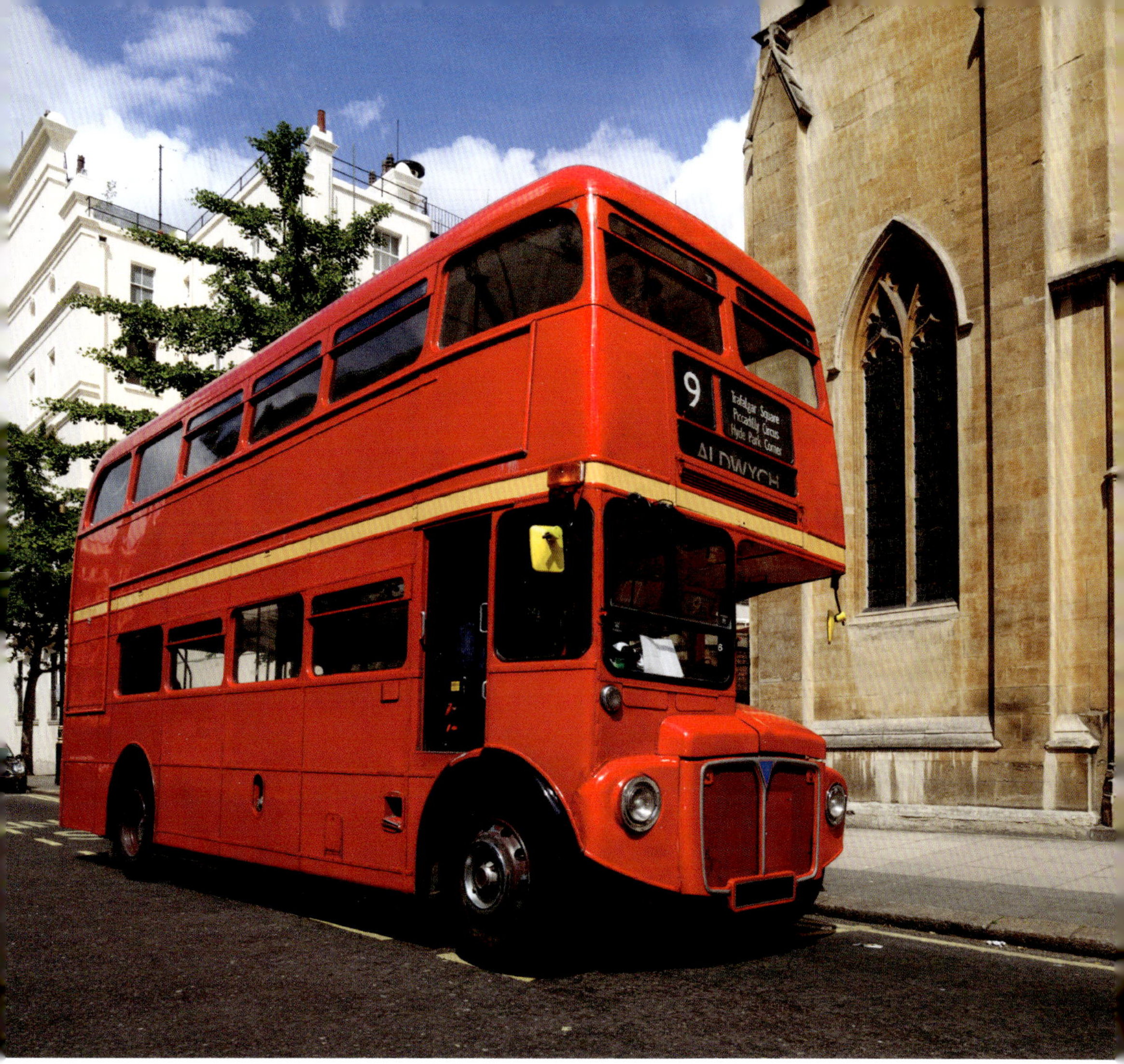
9
Trafalgar Square
Piccadilly Circus
Hyde Park Corner
ALDWYCH

bus

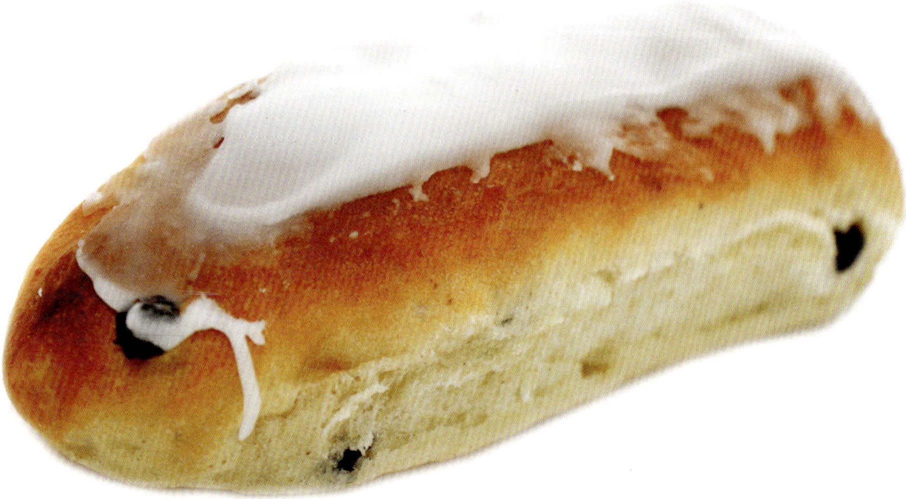

bun

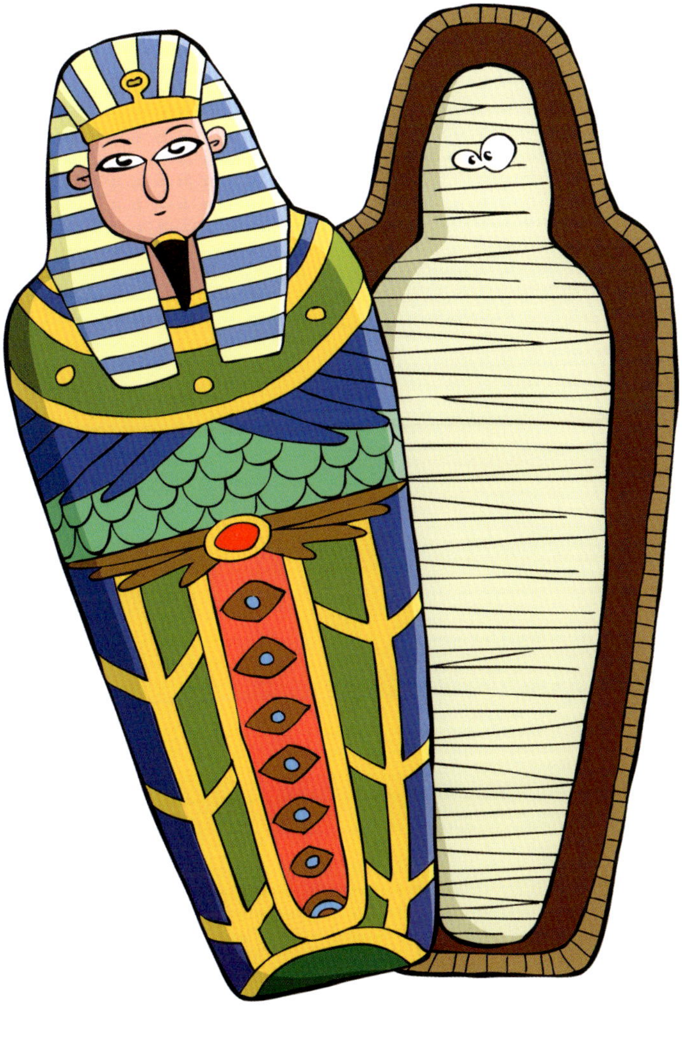

mummy

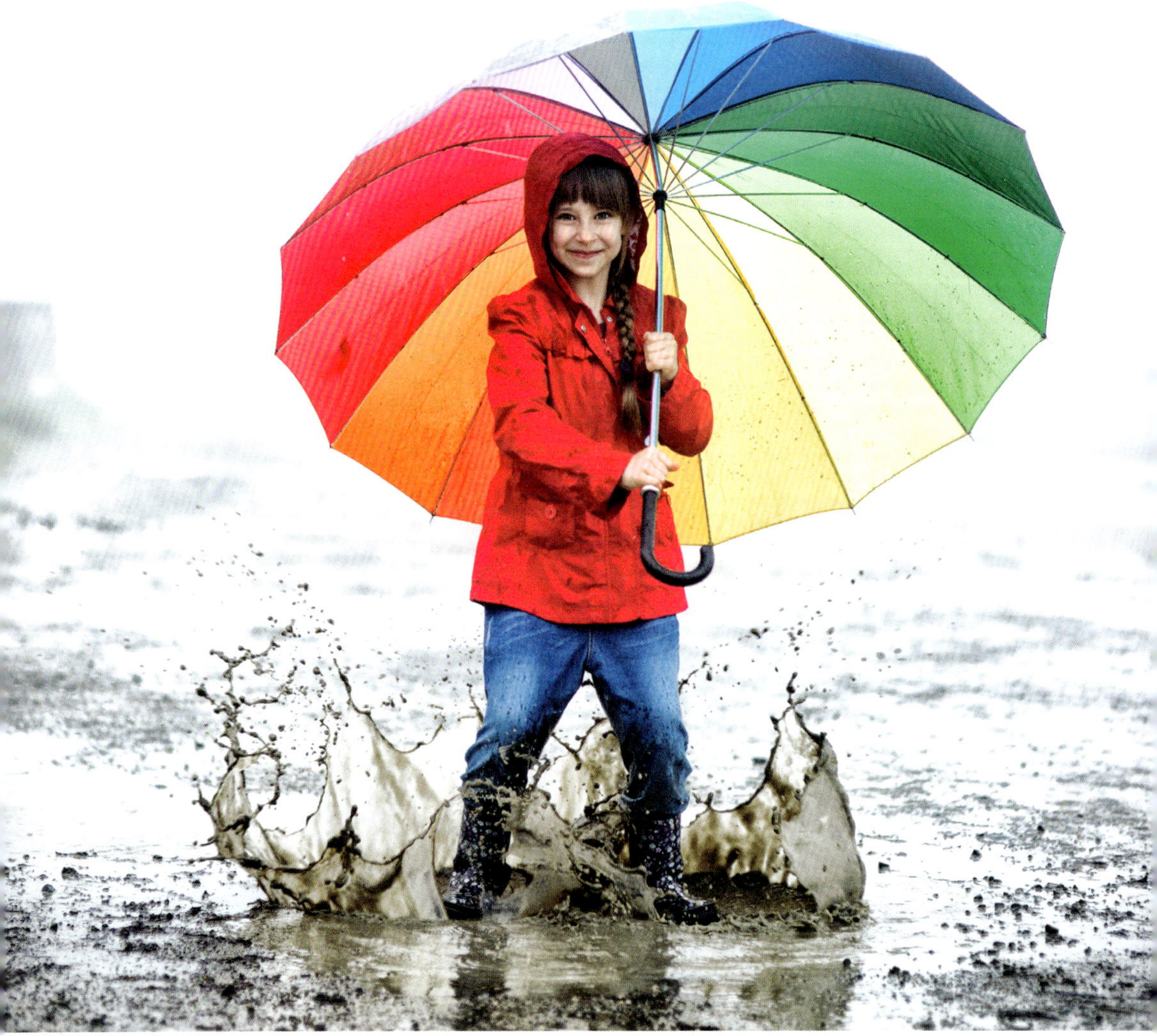

u u u u

u u u u

Uu

cup

hut

bug

mug

nuts

bus

bun

mummy